Piano Classics

Beliebte Stücke von Bach bis Satie
Favourite Pieces from Bach to Satie
Pièces célèbres de Bach à Satie

Herausgegeben von
Edited by · Edité par
Karin Germer und Hans-Günter Heumann

ED 9036
ISMN M-001-13156-8

SCHOTT

Mainz · London · Madrid · New York · Paris · Tokyo · Toronto

© 2001 Schott Musik International GmbH & Co. KG, Mainz · Printed in Germany

Cover: H.J. Kropp unter Verwendung von Bildern der Komponisten
Bach, Schubert, Schumann, Tschaikowsky, Mozart und Beethoven
CD-Einspielung: Prof. Karin Germer
Spieldauer: 54,31
Die Reihenfolge der Tracks entspricht der Anordnung der Stücke (Nr. ① = Track 1)

Inhalt / Contents / Sommaire

Vorwort

Das vorliegende Heft enthält bekannte klassische Klavierstücke von J.S. Bach bis Erik Satie. Die Stücke sind chronologisch angeordnet und haben einen leichten bis mittleren Schwierigkeitsgrad. Die Sammlung wendet sich an fortgeschrittene Klavierschüler und an erwachsene Liebhaber des Klavierspiels. Die beigefügte CD enthält alle Stücke und soll dabei helfen, die Stücke einzustudieren und zu interpretieren. Zum besseren Verständnis der Werke folgen einige Informationen zu den Komponisten und den einzelnen Stücken.

Johann Sebastian Bach

Das *Praeludium C-Dur* aus dem ersten Band des Wohltemperierten Klaviers wurde in zweierlei Gestalt berühmt: in seiner Originalfassung und als grundierende Fläche, über die Charles Gounod die Melodie seines Ave Maria setzte. Die Gestaltung des Praeludiums ist von Bach bewußt schlicht gehalten und bildet eine aus Dreiklangsbrechungen bestehende harmonische Improvisation.

Das *Praeludium c-Moll* trägt in einer Abschrift den Zusatz „pour la lute" und war vielleicht ursprünglich tatsächlich für dieses Instrument gedacht. Es fügt sich aber auch sehr gut in eine Reihe kleiner Präludien ein, die Bach als „Üb-Anreiz" für seine Schüler schrieb, damit sie auf dem Weg zu dem von ihm geforderten „deutlichen und sauberen Anschlag aller Finger beider Hände" Fortschritte machten.

Louis-Claude Daquin

Ähnlich wie Mozart setzte auch Daquin schon mit sechs Jahren durch sein Klavierspiel einen König in Erstaunen, nämlich Ludwig XIV. Später war er ein vielbewunderter Organist an verschiedenen Kirchen in Paris. *Le Coucou* gehört zu einer Sammlung überwiegend tonmalerischer Werke, die er 1735 als sein „Premier livre des pieces de clavecin" für das Cembalo veröffentlichte und seiner Schülerin Mademoiselle de Soubise widmete. Die Nachahmung von Vogelstimmen durch Musik war in der Barockzeit eine beliebte und häufige Praxis.

Carl Philipp Emanuel Bach

Für den zweitältesten Sohn J. S. Bachs, der schon früh von seinem Vater Klavierunterricht erhielt, stand das Klavier im Zentrum des kompositorischen und theoretischen Schaffens.

Das *Solfeggietto in c-Moll* weist einerseits auf die Präludien seines Vaters zurück, nimmt andererseits aber auch die freien Phantasien der Frühromantik voraus. Der Begriff „Solfeggio" bezeichnet eine Gesangsübung und auch das vorliegende Klavierstück hat den Charakter einer Etüde für die Geläufigkeit.

Wolfgang Amadeus Mozart

Die 1788 entstandene *Sonata facile* ist entgegen ihrem Namen alles andere als eine leichte Sonate, auch wenn Mozart sie für den Unterrichtsgebrauch schrieb. Sie verlangt eine perlende Technik und weist auch kompositorisch manche Raffinessen auf: im ersten Satz etwa den harmonisch ungewöhnlichen Reprisenbeginn (in der Subdominante F-Dur), im letzten Satz die imitatorische geführten Terzen im Rondothema.

Ludwig van Beethoven

Die *Bagatelle* (wörtlich: Kleinigkeit) op. 119/1 verweist mit ihrem menuettartigen Aufbau ein wenig auf Tänze der Vorklassik, geht zugleich aber gerade in der variierten Reprise (ab T. 45) und der ausdrucksstarken Coda deutlich darüber hinaus.

Nur wenig später, um 1810, entstand ein Klavierstück, das unter dem Titel *Für Elise* Weltruhm erlangen sollte. Ob dieser Titel tatsächlich von Beethoven selbst stammt und wer diese „Elise" war, wird wohl solange unklar bleiben, bis das Autograph wieder auftaucht, zumal das Werk erst rund 40 Jahre nach Beethovens Tod veröffentlicht wurde.

Seine 1801 komponierte *Sonate in cis-Moll* überschrieb Beethoven mit *Sonata quasi una fantasia*. Die Bezeichnung „Mondscheinsonate" wurde ihr erst später gegeben, wahrscheinlich wegen der geheimnisvollen, meditativen Stimmung des ersten Satzes.

Robert Schumann

Erster Verlust gehört zu einer Sammlung von Klavierstücken, die Schumann für seine eigenen Kinder schrieb und unter dem Titel „Album für die Jugend" op. 68 veröffentlichte. Die Überschrift geht, obwohl sie auch an ein Goethe-Gedicht erinnert, vermutlich auf ein Ereignis im Hause des Komponisten zurück: es soll die Klage der Kinder über einen verstorbenen Zeisig darstellen, der an den wohlmeinend vom Vater verfütterten Markklößchen eingegangen war.

Die *Träumerei* entstammt dem 1838 komponierten Zyklus „Kinderszenen" – auch dies eine Sammlung von kleinen Klavierstücken, deren poetische Stimmungen der Komponist nachträglich jeweils durch Überschriften charakterisierte. Alban Berg schrieb über die Träumerei, sie habe eine Melodie, deren Schönheit in der hervorragenden Prägnanz der einzelnen Motive, ihrer reichlichen Beziehung zueinander und der Vielgestaltigkeit in der Anwendung des also gegebenen motivischen Materials liege.

Friedrich Burgmüller

Friedrich Burgmüller genoss in Paris als Klavierkomponist und -pädagoge sehr hohes Ansehen. In der klavierpädagogischen Literatur der Romantik nehmen die 25 leichten Etüden op. 100 einen bedeutenden Platz ein. In seiner *Ballade* op. 100/15 herrscht in Anlehnung an die dichterischen Balladenthemen dieser Zeit eine düster-geheimnisvolle Stimmung vor, die nur durch eine Art Szenenwechsel im Mittelteil (Dur statt Moll) unterbrochen wird.

Franz Schubert

Franz Schuberts Tanzkompositionen entstanden wohl zumeist aus praktischen Anlässen: Es ist bekannt, dass er im engeren Freundeskreis sich nie lange bitten ließ, selbst zum Tanz oder zur Unterhaltung aufzuspielen. Anschließend scheint er den einen oder anderen gelungenen Einfall schriftlich fixiert zu haben. So kam mit der Zeit eine große Sammlung von Stücken zusammen, die z.T. noch zu seinen Lebzeiten veröffentlicht wurden. Während es sich bei vielen dieser Tänze (meist Ländler, Walzer, Ecossaisen) um einfache Gebrauchsmusik handelt, zeichnen sich einige durch tiefsinnige Melancholie aus, so der ausgewählte *Walzer h-Moll* op. 18/6.

Modest P. Mussorgskij

Une Larme/Eine Träne entstand als Einzelwerk 1880, also ein Jahr vor Mussorgskijs Tod. Das Stück hat die typische Anlage eines „lyrischen Charakterstückes": nur zwei Seiten umfassend, entfaltet es dennoch eine poetische Stimmung von großer Wirkung. Gleichzeitig überzeugt es durch seine klare A-B-A-Form (Wechsel von Moll und Dur) und einige wenige Akkorde am Anfang und Ende des Stückes stellen eine Art „Rahmenhandlung" dar.

Peter Iljitsch Tschaikowsky

Nach dem Vorbild von Schumanns „Album für die Jugend" schuf Tschaikowsky 1878 sein „Kinderalbum", das 24 atmosphärische Stücke enthält, die zum Teil wohl konkrete Stoffe des kindlichen Alltags in Kamenka (wo Tschaikowskys Schwester mit ihren Kindern lebte) widerspiegeln. In der Originalausgabe wurde jedes Stück durch einen Miniaturstich von Aleksej Stepanov gedeutet: In *Süße Träumerei* durch ein schlafendes Kind, das von einer Konditorei träumt.

Edvard Grieg

Norwegisch gehört zu den „Lyrischen Stücken", einer Sammlung von Klavierstücken, mit der sich Grieg Zeit seines Lebens immer wieder beschäftigte und die er unter verschiedenen Opuszahlen veröffentlichte. Sie können als eine Art Tagebuch angesehen werden, in dem der Komponist Erlebnisse, Stimmungen aber auch Volkssagen und Landschafts-Eindrücke verarbeitet hat.

Frédéric Chopin

Mit seinen 24 *Préludes* op. 28 schuf Chopin einen Zyklus von Stücken in allen Tonarten, der an Bachs Wohltemperiertes Klavier anzuknüpfen scheint. Allerdings ist er nicht chromatisch, sondern dem Quintenzirkel folgend angelegt. Das *Prélude in Des-Dur* hat den Beinamen „Regentropfen-Prélude", da Chopin durch den Aufprall des Regens auf das Dach seiner Zelle im Kloster Valldemosa/Mallorca zu diesem Stück inspiriert worden sein soll. Dort lebte er im Winter 1838/39 mit der Schriftstellerin George Sand. Der sich wiederholende, klopfende Achtelrhythmus in der linken Hand (zunächst auf dem zentralen Ton as, im stürmischen Mittelteil nach gis umgedeutet) erinnert an Regentropfen.

Claude Debussy

Um 1900 kam in Europa ein Bühnen- und Schautanz in Mode, dessen Ursprünge in einer grotesken Tanzform lagen, die amerikanische Schwarze in parodistischer Nachahmung der Tänze der Weißen erfunden hatten, der sogenannte „Cakewalk". Debussy setzte diesem Tanz ein zweifaches Denkmal: zunächst in der Sammlung „Children's Corner" (Golliwogg's Cakewalk) und später mit *Le petit Nègre*, das 1909 erstand, aber erst 1934 posthum veröffentlicht wurde. Das Stück ist ein frühes Beispiel für die Beeinflussung der klassischen Musik durch Stilmerkmale des Jazz.

Erik Satie
Satie gehörte sicherlich zu den schillerndsten Gestalten in der Musikgeschichte des 20. Jahrhunderts. Er war u.a. Vorbild für Debussy, der später seine *Gymnopédies* orchestrieren sollte. Satie war Mitglied der berühmten „Groupe de Six". In seinen Kompositionen versuchte er stets neue, zum Teil auch bizarre Wege zu gehen. Von den 1888 entstandenen *Gymnopedies* nimmt man an, dass sie wohl durch den Historienroman „Salammbo" von Flaubert inspiriert wurden. Sie nehmen auf feierliche Festtänze nackter Jünglinge im antiken Sparta Bezug (gymnos = nackt, paidos = Knabe).

Preface

This volume contains well-known classical piano pieces by various composers from J.S. Bach to Erik Satie and is aimed at advanced piano students and adult amateur pianists. The pieces are presented in chronological order and range in difficulty from easy to moderate. All the pieces are included on the accompanying CD, as an aid to study and performance. Some information about the composers and the individual pieces is given below to assist the player.

Johann Sebastian Bach
The *Prelude in C major* from the first volume of the *Well-tempered Clavier* is famous in two forms: both in its original version and as the ground over which Charles Gounod set the melody of his *Ave Maria*. Bach kept the structure of the Prelude deliberately simple –an harmonic improvisation made up of broken chords.
One manuscript copy of the *Prelude in C minor* is headed "pour la lute", and the piece might indeed originally have been intended for that instrument. It fits very neatly, however, into a series of little preludes that Bach wrote as an "incentive" to practice for his pupils, to help them develop the precise and even touch of all fingers in both hands demanded by Bach.

Louis-Claude Daquin
Like Mozart, Daquin was only six years old when he astonished a king with his playing – in this case Louis XIV. Later on he was greatly admired as an organist in various churches in Paris. *Le Coucou* appears in his *Premier livre des pieces de clavecin*, a collection of pieces mainly in the manner of tone-paintings for the harpsichord, published in 1735 and dedicated by Daquin to his pupil Mademoiselle de Soubise. The imitation of birdsong in music was a popular and frequently used device in the Baroque era.

Carl Philipp Emanuel Bach

J.S. Bach's second eldest son had keyboard lessons with his father from an early age, and the keyboard was of central importance in his compositions and theoretical work.

The *Solfegietto* in C minor recalls in some respects the preludes of J.S. Bach, whilst at the same time anticipating the freer fantasias of early Romanticism. The term "Solfeggio" denotes a vocalization exercise for a singer, and this piano piece does indeed have the character of a technical study.

Wolfgang Amadeus Mozart

The *Sonata facile* written in 1788 is - despite its name - far from easy, even though Mozart may have written it for the purposes of teaching. It requires a sparkling technique and has many refinements in its structure, such as the harmonically unusual recapitulation in the subdominant F major in the first movement and the imitative thirds in the Rondo theme of the last movement.

Ludwig van Beethoven

The minuet-like structure of this *Bagatelle* (meaning a trifle), Op. 119/1, contains echoes of dances predating the Classical period, but its musical development is more advanced in the variation of the reprise (from bar 45 onwards) and the expressive coda.

A short time later, in about 1810, Beethoven wrote a piano piece that was to become famous all over the world under the title *Für Elise*. Whether this title was chosen by the composer himself, and the identity of the Elise in question, will not be known for certain until the original manuscript is rediscovered (the work was not published until about forty years after Beethoven's death).

Beethoven wrote the title "Sonata quasi una fantasia" above the *Sonata in C sharp minor* which he composed in 1801. The name "Moonlight Sonata" was conferred upon it later, probably on account of the mysterious, meditative mood of the first movement.

Robert Schumann

Erster Verlust (First Loss) appears in a collection of piano pieces which Schumann wrote for his own children and published under the title *Album für die Jugend* (Album for the Young), Op. 68. The title, which recalls a poem by Goethe, is thought to refer to an incident in the composer's household, evoking the children's grief at the loss of their songbird (a siskin) which had perished after being fed marrow dumplings by their well-meaning father.

Träumerei (Reverie) is taken from the cycle of pieces composed in 1838 entitled *Kinderszenen* (Scenes from Childhood), Op. 15 – another collection of little piano pieces, with poetic titles subsequently added to each piece by the composer. Alban Berg wrote of *Träumerei* that the beauty of its melody lies in the wonderfully concise and richly related motifs combined into inventive material which is employed with great versatility.

Friedrich Burgmüller

Friedrich Burgmüller was very highly regarded in Paris as a composer for the piano and as a teacher. His *25 Easy Studies*, Op. 100, occupy a significant place in the repertoire of tutorial music for the piano of the Romantic era. As with many of the poetic ballad subjects of the time, a darkly mysterious mood predominates in Burgmüller's *Ballade*, Op. 100/15, only relieved by a kind of scene change in the middle section (major instead of minor).

Franz Schubert
Franz Schubert's dance compositions were probably inspired for the most part by social occasions: we know that his friends never had any trouble in persuading him to play for their entertainment or to accompany their dancing. He subsequently appears to have written down some of his most inspired improvisations. Over a period of time he accumulated a large collection of pieces, some of which were published during his lifetime. While many of these dances (mostly *Ländler*, Waltzes and *Ecossaises*) were simple and straightforward, a few of them, such as this *Waltz in B minor*, Op. 18/6, are marked with a profound sense of melancholy.

Modest P. Mussorgsky
Une larme (A Teardrop) was written as a single piece in 1880, a year before Mussorgsky's death. The piece has the typical features of a lyrical character piece: only two pages long, it nevertheless evokes a powerfully poetic mood. A sense of coherence is given by the clarity of its A-B-A form (alternation of minor and major), with a few chords at the beginning and the end of the piece representing a kind of frame.

Peter Ilyich Tchaikovsky
Tchaikovsky wrote his *Children's Album* in 1878, on the model of Schumann's *Album for the Young*; it contains 24 atmospheric pieces, some of them probably based on little childish incidents from everyday life in Kamenka (where Tchaikovsky's sister lived with her children). In the original edition each piece appears together with a miniature engraving by Alexei Stepanov: in *Sweet Dreams* it is a picture of a sleeping child, dreaming of a cake shop.

Edvard Grieg
Norwegian Melody is one of the *Lyric Pieces*, a collection of piano pieces to which Grieg continued to add throughout his life and which he published under various different Opus numbers. They may be regarded as a kind of diary in which the composer reflected on events and conveyed moods, the folk tales of his country and impressions of its landscape.

Frédéric Chopin
With his 24 *Préludes*, Op. 28, Chopin wrote a cycle of pieces in every key which appears to take up the tradition of Bach's *Well-tempered Clavier*. The pieces are not arranged in chromatic sequence, however, but follow the cycle of fifths. The *Prélude in D flat major* is also known as the "Raindrop Prelude": Chopin is said to have been inspired to write the piece by the drumming of the rain on the roof of a little room in the monastery of Valldemosa in Majorca, where he spent the winter of 1838/39 with the writer George Sand. The repeated, insistent quaver rhythm in the left hand (initially on the dominant A flat, with an enharmonic change to G sharp in the stormy middle section) recalls the drumming patter of raindrops.

Claude Debussy

In about 1900 a new kind of dance became fashionable on the stages of Europe which originated from a grotesque dance invented by black Americans as a parody of the way the white people danced: it was called the *Cakewalk*. Debussy twice commemorated this dance: first in his *Children's Corner (Golliwog's Cakewalk)* and later with *Le petit Nègre*, which was written in 1909 but not published until 1934, after the death of the composer. The piece is an early example of the influence on classical music of stylistic features of jazz.

Erik Satie

Satie was surely one of the most enigmatic figures in the musical history of the 20th century. A member of the celebrated "Les Six", he was among those who inspired Debussy, who was later to orchestrate his *Gymnopédies*. Satie was always experimenting in his compositions with sometimes bizarre innovations. The *Gymnopédies*, written in 1888, are generally assumed to have been inspired by Flaubert's historical novel *Salammbo*. The title alludes to the ceremonial dances of naked youths in ancient Sparta (gymnos = naked, paidos = boy).

Préface

Le présent fascicule comporte des morceaux pour piano classiques connus, de J.-S. Bach à Erik Satie. Ces morceaux sont classés de manière chronologique et ont un niveau de difficulté faible à moyen. Le recueil s'adresse à des élèves avancés et aux amateurs de piano adultes. Le disque compact joint comporte tous ces morceaux et doit aider à les étudier et à les interpréter. Pour une meilleure compréhension des oeuvres, voici quelques informations sur les compositeurs et les différents morceaux.

Jean-Sébastien Bach

Le *Prélude en ut majeur*, extrait du premier volume du *Clavier bien tempéré*, est devenu célèbre sous deux formes: dans sa version originale, et en surface de fond sur laquelle Charles Gounod plaça la mélodie de son *Ave Maria*. La conception du prélude est tenue de manière consciemment simple par Bach et constitue une improvisation harmonique composée de ruptures d'accords parfaits.

Le *Prélude en ut mineur* porte, sur une copie, la mention „pour la lute", et était peut-être destiné à cet instrument à l'origine. Mais il s'insère parfaitement dans une série de petits préludes écrits par Bach à titre d'«encouragement à l'exercice» pour ses élèves, afin de les faire progresser vers l'«attaque nette et propre de tous les doigts des deux mains» qu'il exigeait d'eux.

Louis-Claude Daquin

Tout comme Mozart, Daquin étonna lui aussi un roi par son jeu au clavier dès l'âge de six ans: Louis XIV. Il fut plus tard un organiste adulé dans diverses églises de Paris. *Le Coucou* fait partie d'un recueil de morceaux principalement descriptifs, publiés en 1735 sous le titre de *Premier livre des pièces de clavecin* et dédié à son élève, Mademoiselle de Soubise. L'imitation des oiseaux par la musique était une pratique appréciée et fréquente au Baroque.

Carl Philipp Emanuel Bach

Pour le fils cadet de J.-S. Bach, auquel son père dispensa très tôt déjà des cours de piano, le piano est au centre de ses compositions et de son œuvre théorique. Le *Solfeggietto* en ut mineur rappelle d'une part les préludes de son père, mais annonce aussi d'autre part les fantaisies libres du début du romantisme. Le terme de „solfeggio" désigne un exercice de chant et le présent morceau revêt lui aussi le caractère d'une étude de vélocité.

Wolfgang Amadeus Mozart

La *Sonata facile*, qui vit le jour en 1788, est, comme son nom de l'indique pas, tout autre chose qu'une sonate facile, même si Mozart l'écrivit pour l'enseignement. Elle exige une technique pétillante et présente un certain nombre de raffinements sur le plan de la composition: dans le premier mouvement par exemple le début de la reprise, inhabituel sur le plan de l'harmonie (dans la sous-dominante fa majeur), dans le dernier mouvement les tierces d'imitation au thème du rondo.

Ludwig van Beethoven

La *Bagatelle* op. 119,1 rappelle un peu, par sa structure en menuet, les danses préclassiques, mais, en même temps, les dépasse nettement dans la variation de la reprise (à partir de la mesure 45) et la coda expressive.
Ce n'est que peu après, vers 1810, que vit le jour un morceau pour piano qui, sous le titre de *Pour Elise*, devait acquérir une renommée mondiale. On ne pourra déterminer avec certitude, jusqu'à la réapparition de l'autographe, si cette *Elise* est effectivement l'oeuvre de Beethoven ou non, d'autant qu'elle ne fut publiée que quelques 40 ans après sa mort.
Beethoven donna à sa sonate en do dièse composée en 1801 le titre de *Sonata quasi una fantasia*. Le nom de *Sonate au clair de lune* ne lui fut donné que plus tard, sans doute en raison de l'atmosphère mystérieuse et méditative du premier mouvement.

Robert Schumann

Première perte fait partie d'un recueil de morceaux pour piano que Schumann écrivit pour ses propres enfants et qu'il publia sous le titre d'*Album pour la jeunesse* op. 68. Le titre, bien que rappelant un poème de Goethe, remonte sans doute à un événement au foyer du compositeur: il s'agirait de la plainte des enfants en raison d'un tarin mort des suites d'une consommation de boulettes de moelle données en toute bonne intention par le père.
La *Rêverie* provient du cycle *Scènes d'enfants* op. 15, composé en 1838. Il s'agit là encore d'un recueil de petites pièces pour piano auxquels le composi-

teur a attribué ultérieurement des titres en fonction de leur atmosphère poétique. Alban Berg a écrit, à propos de *Rêverie*, qu'elle a une mélodie dont la beauté réside dans l'excellente vigueur expressive des divers motifs, dans leurs riches relations les uns par rapport aux autres et dans la variété de l'application du matériel ainsi donné.

Friedrich Burgmüller

Friedrich Burgmüller jouissait d'une excellente réputation à Paris en tant que compositeur d'oeuvres pour piano et pédagogue. Ses *25 études faciles* op. 100 prennent une place importante dans la littérature pédagogique romantique pour piano. Sa *Ballade* op. 100/15 est dominée, par analogie aux thèmes des ballades des poètes du temps, par une atmosphère sombre et mystérieuse, interrompue seulement par une sorte de changement de scène dans la partie moyenne (en majeur et non en mineur).

Franz Schubert

Les danses composées par Franz Schubert le furent la plupart du temps à des occasions pratiques: on sait que, dans son petit cercle d'amis, il ne se faisait jamais prier longtemps pour jouer lui-même une danse ou un morceau de divertissement. Il semble avoir noté ensuite certaines de ses idées les plus réussies. Il en résulta peu à peu un recueil important de morceaux, publiés pour une part de son vivant. Ces danses relèvent pour la plus grande part d'une musique utilitaire simple (souvent des ländlers, des valses, des écossaises), mais certaines sont empreintes d'une profonde mélancolie, comme la *Valse en si mineur* op. 18/6 sélectionnée ici.

Modest P. Moussorgski

Une larme vit le jour de manière isolée en 1880, un an avant la mort de Moussorgski. Ce morceau a la disposition typique d'un „morceau de caractère lyrique": ne comportant que deux pages, il développe cependant une atmosphère poétique à l'effet important. Parallèlement, il convainc par sa forme a-b-a (changement entre le mode mineur et majeur), et quelques accords au début et à la fin du morceau seulement représentent une sorte de „récit cadre".

Piotr Ilitch Tchaïkovski

C'est sur le modèle de l'*Album pour la jeunesse* de Schumann que Tchaïkovski composa en 1878 son *Album pour les enfants*, qui réunit 24 morceaux d'atmosphère, reflétant sans doute pour une part des éléments concrets de la vie quotidienne des enfants à Kamenka (où vivait la soeur de Tchaïkovski avec ses enfants). Dans l'édition originale, chaque morceau était interprété par une gravure miniature d'Alexeï Stepanov: la *Douce rêverie* par un enfant endormi qui rêve d'une pâtisserie.

Edvard Grieg

Norvégien fait partie des dites *Pièces lyriques*, recueil de morceaux pour piano auxquels Grieg travailla sa vie durant, et qu'il publia sous divers numéros d'opus. Ils peuvent être considérés comme une sorte de journal intime, consignant les humeurs et les choses vécues par le compositeur, mais traitant également des légendes populaires et des impressions de paysage.

Frédéric Chopin

Avec ses 24 *Préludes*, Chopin créa un cycle de morceaux dans toutes les tonalités, qui semble se rattacher au *Clavier bien tempéré* de Bach. Cependant, il n'est pas chromatique, mais suit la disposition du cycle des quintes. Le *Prélude* en ré bémol majeur est surnommé „Prélude aux gouttes de pluie", car Chopin aurait été inspiré par le bruit de la pluie sur le toit de sa cellule au cloître de Valldemosa/Majorque, où il vécut en hiver 1838/39 avec l'écrivain George Sand. Le rythme répétitif de frappe des croches à la main gauche (d'abord dans la tonalité centrale de la bémol, puis tourné en sol dièse dans la partie centrale tempétueuse) rappelle des gouttes de pluie.

Claude Debussy

Vers 1900, une danse de spectacle dont les origines remontent à une forme de danse grotesque inventée par les afro-américains pour parodier les danses des blancs devint à la mode en Europe: le *cake-walk*. Debussy immortalisa cette danse à deux reprises: tout d'abord dans son «Children's Corner» (Golliwogg's Cakewalk), puis dans *Le petit Nègre*, qui vit le jour en 1909, mais ne fut publié que de manière posthume en 1934. Ce morceau est un exemple précoce de l'influence exercé par le jazz sur la musique classique.

Erik Satie

Satie fit sans aucun doute partie des personnages les plus complexes de l'histoire de la musique du XXème siècle. Il fut en outre un modèle pour Debussy, qui devait orchestrer plus tard ses *Gymnopédies*. Satie fut membre du „Groupe des Six". Dans ses compositions, il tenta toujours d'emprunter des voies nouvelles parfois étranges. On suppose que les *Gymnopédies*, composées en 1888, furent inspirées par le roman historique «Salammbô», de Flaubert. Elles se réfèrent aux danses solennelles des jeunes gens nus de la Sparte antique (gymnos = nu, paidos = jeune garçon).

Praeludium
C-Dur / C major / Ut majeur, BWV 846

Johann Sebastian Bach
(1685 – 1750)

aus/from/de: Wohltemperiertes Klavier I, Schott UT 50050

Praeludium
c-Moll / C minor / Ut mineur, BWV 999

Johann Sebastian Bach
(1685 – 1750)

aus/from/de: J. S. Bach, 12 kleine Präludien, Schott ED 0849

Le Coucou

Rondeau

Louis-Claude Daquin
(1694 – 1772)

aus/from/de: Premier Livre de Pièces de Clavecin

D. C. al ⊕ - ⊕ (Fine)

Solfeggietto

Carl Philipp Emanuel Bach
(1714 – 1788)

Sonata facile
KV 545

Wolfgang Amadeus Mozart
(1756 – 1791)

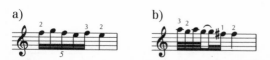

Andante

Wolfgang Amadeus Mozart

2nd movement

Rondo

Wolfgang Amadeus Mozart

Allegretto

Bagatelle
op. 119 No. 1

Ludwig van Beethoven
(1770 – 1827)

Für Elise

For Elise/Pour Elise

Ludwig van Beethoven
(1770 – 1827)

Sonate
op. 27 No. 2, 1. Satz

Ludwig van Beethoven
(1770 – 1827)

Erster Verlust
First Loss / Premier chagrin
op. 68 No. 16

Robert Schumann
(1810 – 1856)

aus/from/de: R. Schumann, Album für die Jugend/Album for the Young/Album pour la jeunesse, Schott ED 9010

Träumerei

Dreaming / Rêverie

Robert Schumann
(1810 – 1856)

aus/from/de: R. Schumann, Kinderszenen/Scenes from Childhood/Scènes d'enfants, Schott UT 50190

Ballade
op. 100 No. 15

Friedrich Burgmüller
(1806 – 1874)

Allegro con brio

aus/from/de: F. Burgmüller, 25 leichte Etüden/25 Easy Studies/25 Etudes faciles, op. 100, Schott ED 173

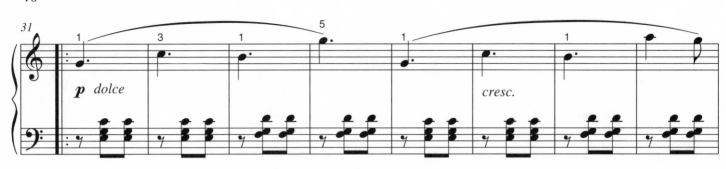

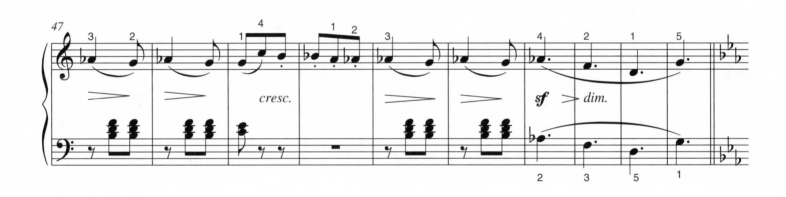

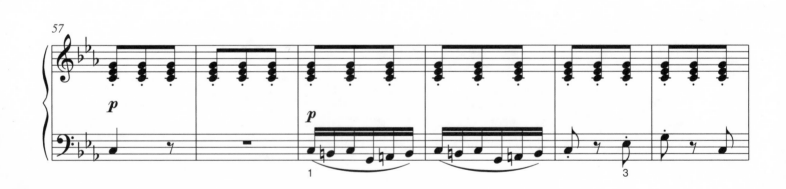

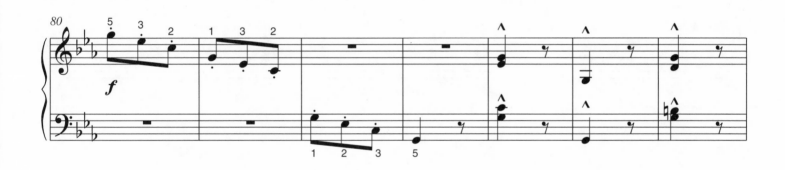

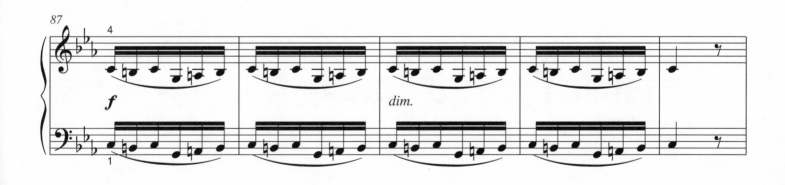

Walzer
op. 18 No. 6

Franz Schubert
(1797 – 1828)

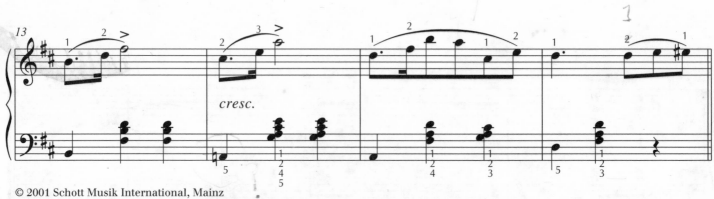

aus/from/de: F. Schubert, Walzer und Deutsche Tänze, Wiener Urtext Edition, UT 50063

(una corda)

(tre corde)

Une Larme
Eine Träne / A Teardrop
op. posth. No. 18

Modest P. Mussorgskij
(1839 – 1881)

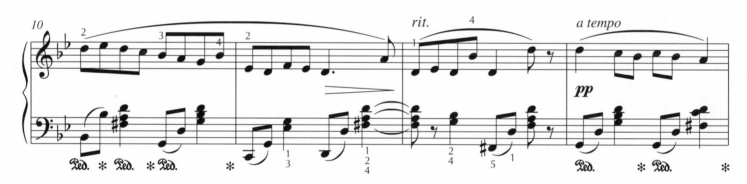

Süße Träumerei
Sweet Dreams / Douce rêverie
op. 39 No. 21

Peter Iljitsch Tschaikowsky

aus/from/de: P. Tschaikowsky, Kinderalbum/Children's Album/Album pour les enfants, op. 39, Schott ED 8310

Norwegisch
Norvegian / Norvègien
op. 12 No. 6

Edvard Grieg
(1843 – 1907)

aus/from/de: E. Grieg, Lyrische Stücke/Lyric Pieces/Pièces lyriques, Schott ED 9011

Prélude
Regentropfen-Prélude / Raindrop Prelude
op. 28 No. 15

Frédéric Chopin

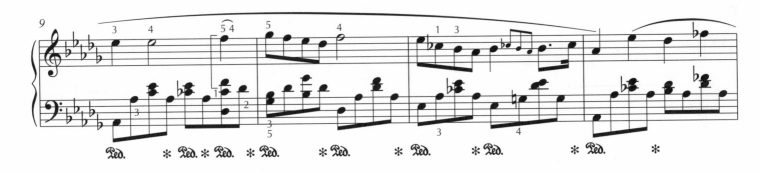

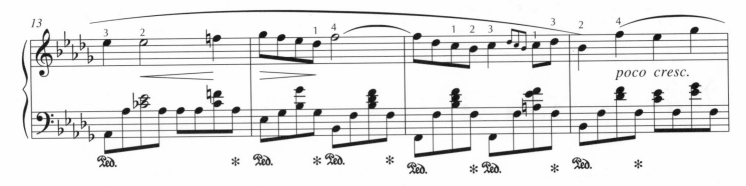

*) bei kleinen Händen: eingeklammerte Noten weglassen
small hands: leave out notes in brackets

Le petit nègre

Cakewalk

Claude Debussy
(1862 – 1918)

Gymnopédie No. 1

Erik Satie
(1866 – 1925)

aus/from/de: E. Satie, Klavierwerke/Piano Works/Oeuvres pour piano, Vol. 1, Schott ED 9013

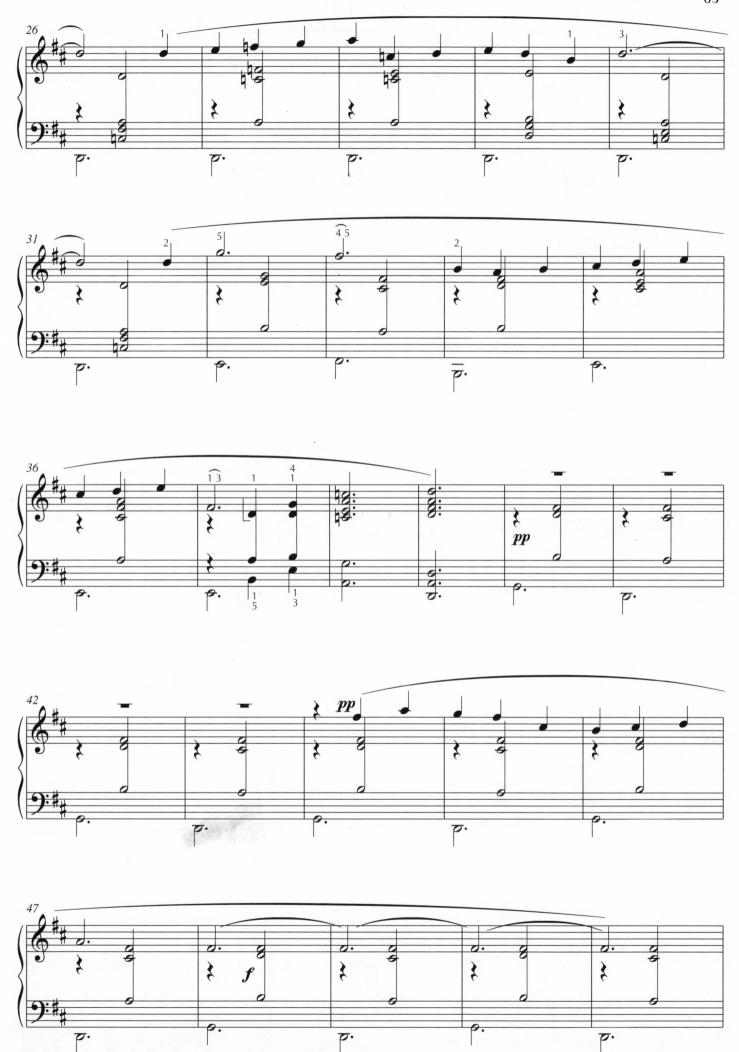

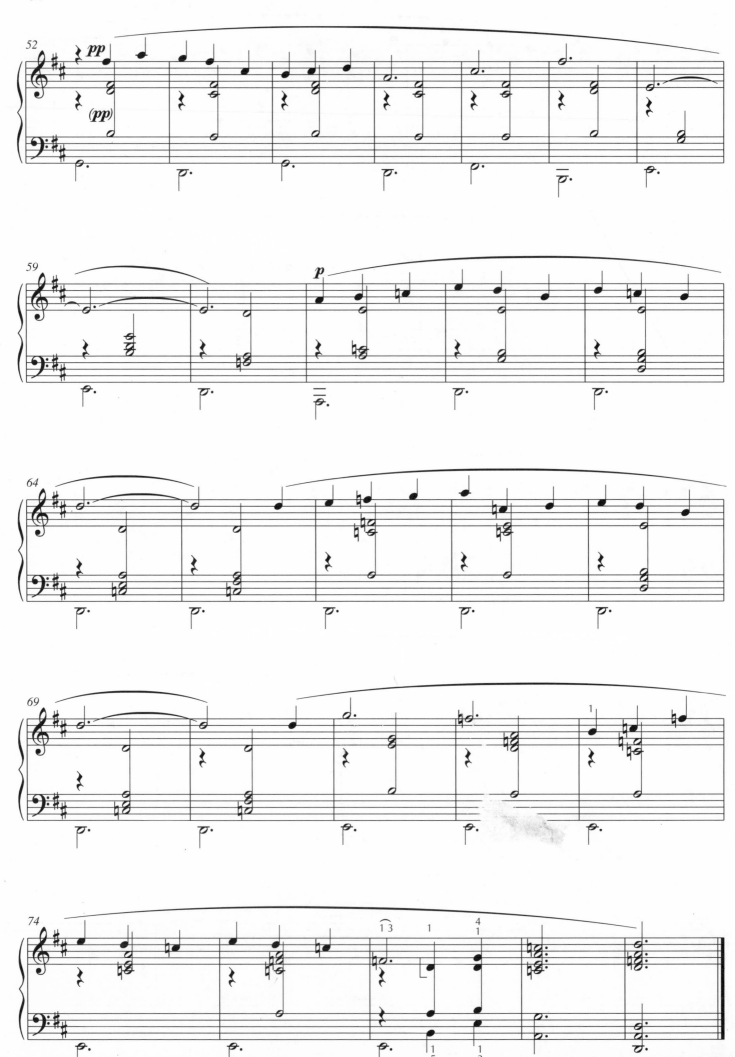